LA SOIE, C'EST DE L'OR.

LYON, AIMÉ VINGTRINIER, IMPRIMEUR.

LA SOIE,

C'EST DE L'OR

PAR

S. LAMB.

Extrait en partie du *Courrier de Lyon*.

EN VENTE

DANS LES BUREAUX DU *COURRIER DE LYON*.

1856.

Le but que nous nous sommes proposé en écrivant ce livre, c'est la propagation des trois idées qui suivent :

La prédominance dans l'intérêt de la fabrique française de toutes les soies de l'Asie sur les marchés européens.

—

Le besoin de nous créer, en France, un marché direct des soies de toute l'Asie.

—

La nécessité, pour y arriver, de former Shang-Haï des maisons franço-américaines.

LA SOIE, C'EST DE L'OR.

L'élévation inouie du prix des soies est pour Lyon une véritable calamité publique. Si cette hausse n'était que, ce que nous l'avons vue en différentes occasions, l'effet de l'exagération d'une récolte mauvaise, ou simplement d'une spéculation avantureuse, il n'y aurait pas lieu de s'inquiéter, et les craintes de l'avenir ne seraient pas à ajouter aux difficultés du présent.

Mais tout le monde commence à reconnaître aujourd'hui que si cette précieuse récolte de la soie a manqué dans presque toute l'Europe, il y a là une cause qui n'est pas ordinaire, qui est même en dehors de la question de température, et qui se rattache ou à une maladie végétale ou à une maladie animale, dont les doubles symptômes s'étaient déjà manifestés depuis deux ou trois ans. La science humaine sur un tel sujet est impuissante dans son diagnostic et dans ses investigations; elle l'a prouvé dans ses recherches pour l'oïdium. Le mieux sera d'attendre que les causes secrètes et inconnues qui agissent dans ce moment aient complètement disparu. Seulement, pourra-t-on attendre sans souffrir? Là est la question.

Qui ne se rappelle les débuts de la maladie

de la vigne? Depuis ces débuts, et il faut nous reporter à cinq ans en arrière, le vin est resté cher, et à un prix tellement élevé qu'il est devenu aujourd'hui un objet de luxe pour beaucoup de gens. Il est vrai de dire aussi que, jusqu'à ce jour, cette maladie a persisté et que la science n'a su que faire une chose, la baptiser. Mais le remède n'est pas efficace, et l'oïdium, puisqu'il faut l'appeler par son nom, n'en continue pas moins à couvrir de sa mousse vénéneuse la plupart des ceps de l'Europe.

Pensons donc à la vigne quand nous voulons parler de la soie, et par la durée du mal chez la première, pressentons ce qu'il peut arriver à la seconde. Cependant, nous le reconnaissons, les viticoles n'ont pas à se plaindre. Bon an, mal an, depuis l'apparition de l'oïdium, ils ont trouvé dans l'élévation du prix une compensation à la quantité qui leur manquait. Peut-être même sont-ils capables de ne pas regretter le passé, c'est-à-dire les années d'abondance. Il en sera de même des sériculteurs ; le haut prix des cocons sera pour eux, pendant quelque temps seulement, il est vrai, une sorte d'adoucissement au milieu de l'insuffisance de leur récolte.

Il y a quelque chose de remarquable, après tout, dans la marche de ces épidémies, soit qu'elles attaquent les hommes, soit qu'elles attaquent les végétaux, nous l'avons observé tous à chaque invasion nouvelle du choléra : des localités préservées à côté d'autres qui étaient décimées ; Marseille et Paris plusieurs fois ravagés, Lyon jamais atteint. L'an passé, l'oïdium avait fait peu de mal dans le Midi de la France, cette année il a presque envahi tous les ceps. Les mêmes phénomènes se présentent aujourd'hui pour la soie. En France, la récolte est un quart tout au plus d'une récolte moyenne; en Espagne elle est nulle; en Italie elle est de moitié, si ce n'est en Romagne où elle est magnifique; et c'est sur la graine *légalisée* de Fossombrone que l'on compte maintenant pour sauver l'avenir.

Au point de vue agricole, en ce qui concerne la soie, le manque de récolte peut donc être compensé par l'élévation des prix; et, après tout, il s'agit là d'une population qui a d'autres ressources, et ces ressources sont nombreuses: ce sont celles d'une terre fertile et riche en cultures de toute espèce. Les plus malheureux sont les fileurs et les mouliniers, car ceux-là touchent à l'industrie proprement dite.

De tout ce que nous venons de dire on peut donc inférer que les soies exorbitamment chères cette année, peuvent l'être encore davantage l'année suivante, et ainsi de suite jusqu'à ce que l'épidémie disparaisse comme elle est venue sans qu'on sache pourquoi.

L'opinion générale des éducateurs français, et nous croyons qu'ils ont raison, est que la maladie du mûrier est à son début; car l'altération qu'il y a dans la feuille est invisible; avec le temps elle apparaîtra aux yeux. L'air ambiant au milieu duquel s'épanouit la végétation du mûrier est-il donc vicié? Est-ce alors une question de plus ou moins d'azote, de plus ou moins d'oxigène? Dieu seul le sait.

En admettant cette hypothèse de la maladie du mûrier, il est évident que les vers qui vivent de sa feuille contractent les germes d'une désorganisation lente mais progressive qui attaque leur fécondité et qui explique alors ce fait remarqué de l'inéclosion ou de la mauvaise venue de la plupart des œufs.

En face de toutes ces appréhensions et, qui plus est, en présence de leur réalisation, l'industrie française des tissus de soie que va-t-elle devenir? Que vont devenir ses 150,000 ou 200,000 ouvriers? ses mouliniers, ses teinturiers, tous ceux enfin qui font partie de sa grande famille industrielle? Que vont devenir ces établissements montés à grands frais et qui étaient un acheminement à une organisation nouvelle? Dans trois mois, de tous ses innombrables ouvriers elle en aura peut-être la moitié sur le pavé. Tel atelier de teinture qui teignait 300,000 kilog. de soie par an, n'en teindra plus que 150,000. Ses dessinateurs, ses employés, etc., dans la même proportion resteront inoccupés. En un mot, c'est, on peut le prévoir, une désorganisation que nous réserve l'avenir, et d'autant plus compromettante qu'elle peut durer trois ou quatre ans. Au bout de ce temps d'épreuves, cette industrie, qui aura perdu une partie de ses forces et qui aura vu, par l'effet de la cherté excessive des tissus de soie, ses différentes consommations se rejeter sur les articles de laine et de coton, cette industrie, disons-nous, aura encore des moments difficiles à passer; elle devra procéder à sa restauration, ce qui sera long, et attendre le retour des consommations qu'elle aura perdues, ce qui sera plus long encore.

Toutes les places manufacturières d'Europe en tissus de soie passeront par les mêmes épreuves. La Suisse, la Prusse, la Russie, l'Autriche les subiront de même que nous. L'Angleterre seule, à cause des soies de l'Inde dont elle a le monopole comme acheteur aux sources, à cause de ses numéros de laine et de coton qu'elle peut mélanger à la soie, et que la funeste protection sous laquelle vivent à nos dépens les manufacturiers du Nord, renchérit ou nous empêche de recevoir; l'Angleterre seule, disons-nous, devra se maintenir au milieu de ce désarroi industriel.

Pour le moment, sur la place de Lyon les différentes qualités de soie ont subi une hausse en moyenne de 55 p. cent. Notons en passant qu'il s'en faut de beaucoup que ce soit là le dernier mot de la hausse; laissons l'avenir de côté et ne raisonnons que sur ce chiffre de 55 p. cent que nous ne croyons pas contestable. Pour convaincre les incrédules que nous pourrions rencontrer en route, donnons des preuves. En 1855, le prix moyen des trames *filature* était de 86 fr., aujourd'hui il est de 135 ; les trames d'Italie, 24/26 étaient à 78 fr., aujourd'hui 112 ; les *chines détordues* 55 fr., aujourd'hui 83; les organsins, filature ordinaire, 90 fr., aujourd'hui 135 ; la hausse sur les grèges est encore bien plus considérable.

Ce chiffre de 55 p. cent que nous croyons, pour notre part, au-dessous de la vérité, se traduit sur l'étoffe par une augmentation de 40 p. cent. Un taffetas noir de 7 fr. le mètre monte à 9 fr. 80 ; une lustrine de 3 fr. à 4 fr. 20 ; une robe à volants de 200 fr. à 280 fr.

Toutes ces augmentations là dérangent, on n'en peut douter, l'économie domestique d'un ménage, et beaucoup de consommateurs cesseront désormais de l'être.

Les fabricants de Lyon n'obtiennent pas encore des prix pareils, car ils vivent jusqu'à présent sur les soies qu'ils ont achetées avant la hausse extrême, et, en bons princes qu'ils sont, ils en font profiter leurs acheteurs. Mais, une fois leur stocks épuisés, il faudra bien arriver au fait. Cependant quelques-uns d'entre eux sont favorisés : il y a un mois que les tissus de parapluie de 2 fr. 30 sont à 3 fr. 25. La demande explique cette augmentation anticipée. Hâtons-nous de dire que cette fabrication est très-peu importante.

Cette hausse provisoire de 55 p. cent sur la soie, matière première, indique pour le moment dans la récolte un déficit qui lui est équivalent (1); cette hausse fera des progrès, car pour combler le déficit que nous accusons, il faudrait cette année même tirer de l'Asie 150 millions de soie de plus que par le passé; ce qui est impossible, on le comprendra plus loin.

En résumé, la soie de 55 p. cent plus chère que par le passé, implique une manutention ou une fabrication qui, dans la même proportion, sera moins forte. C'est-à-dire que tel fabricant qui faisait deux millions d'affaires, fera le même chiffre, mais en achetant la moitié moins de soie qu'autrefois. C'est évident. Concluons donc

(1) Depuis le 23 août, date de la publication de cet article, les chines détordues sont montées à 88 fr.; les trames d'Italie à 120 fr.; en un mot, les soies ont continué leur mouvement ascensionnel.

que la hausse actuelle mène les ouvriers, en général, à un travail de 55 p. cent moins fort que par le passé.

On objectera que les achats d'Amérique, ceux d'Angleterre, etc., peuvent être amoindris dans une proportion considérable, et que la baisse doit en résulter. Nous admettons cet amoindrissement et nous disons qu'il doit en être ainsi ; mais la baisse ne peut pas en être la conséquence. Nous le croyons, du moins ; car les existences de soie matière première seront en rapport avec les besoins de la production industrielle, comme elles l'étaient avec ces mêmes besoins lorsque la soie valait 55 0/0 de moins.

Où donc est le remède? demandera-t-on, et comment pourra-t-on mettre un terme, à Lyon, par exemple, à cette décroissance de fabrication que nous signalons, et que tout le monde, du reste, a pressentie comme un effet immédiat de la hausse inouïe dont nous sommes témoins aujourd'hui? Pour notre part, nous n'avons pas la prétention d'offrir une panacée quelconqne ; c'est chose difficile, on le conçoit. Nous nous contenterons d'exposer le mal, tout en croyant cependant qu'il y a dans l'étude comparée des récoltes de l'Europe à celles de l'Asie des inductions à tirer, et partant quelques soulagements à espérer.

Un savant professeur de Lyon, M. Jourdan, président de la commission du concours agricole de 1855, dans un discours qu'il prononça à la distribution des primes méritées dans ce concours, a donné des renseignements précis sur cette question; ces renseignements, puisés à des sources officielles, sont infaillibles lorsqu'il s'agit de l'Europe et des possessions anglaises de l'Asie. Ils le sont moins, pour notre part nous en sommes persuadés, et M. Jourdan le dit lui-même, ils le sont moins quand il s'agit de la Chine, sur le compte de laquelle, en fait de soie, on ne sait bien que ce qui plaît aux Chinois de Sang-Hay ou de Canton de nous communiquer. Néanmoins, nous adoptons les chiffres de M. Jourdan, et c'est sur eux que nous appuyons notre raisonnement. Nous commençons par la France :

La production annuelle de la soie grège dans notre pays, en prenant pour base une moyenne de huit années de 1846 à 1853, a été de 108,600,000 fr. C'est là un chiffre peu important, surtout lorsqu'on réfléchit que les Anglais et les Russes, comme fabricants, sont au nombre des consommateurs de cette production. Cette somme accuse une acclimatation difficile du mûrier, résultat des variations de température qui viennent compromettre la récolte, ou du peu d'empressement de la part des agriculteurs pour la propagation d'une culture qui peut leur offrir, en raison de son instabilité, moins d'avantages que la garance, la vigne, l'olivier ou les céréales.

Par l'effet de son exiguité, c'est une production saisissable, et trois ou quatre maisons anglaises pourraient parfaitement, un beau jour et sans trop se gêner, l'accaparer et transporter de la sorte le marché de nos soies indigènes sur la place même de Londres.

Dans les états sardes et la Suisse italienne, la production a été, toujours en partant de 1846 à 1853, de. . . . 45,000,000

Report,	45,000,000
Dans le royaume Lombard-Vénitien et les autres possessions autrichiennes en Italie.	122,500,000
Dans la Toscane, les duchés de Parme et de Modène, les états de l'Eglise	14,000,000
Dans le royaume de Naples, la Sicile et Malte	21,000,000
	202,500,000

Les 3/4 de cette production sont consommés par les fabricants suisses, allemands et anglais. Nous ne croyons pas même qu'il en reste 1/4 pour la France.

En Italie, à l'exception de la Romagne, où la production annuelle atteint tout au plus le chiffre de 4 millions, la récolte a été de 40 0/0 moins forte que celle d'une année ordinaire. On sait que la soie d'Italie n'est pas sans une certaine analogie avec les belles soies du Bengale. Comme qualité de fil, elle est de beaucoup inférieure à la soie de France ; celles de la Romagne et de Naples seules peuvent soutenir une sorte de comparaison.

En Espagne et en Portugal, la récolte annuelle a été de 16,000,000 ; mais cette année elle a presque complètement échoué.

Dans tout le restant de l'Europe, c'est tout au plus si dans les huit années citées plus haut la récolte moyenne a été de neuf millions.

L'Algérie, le Maroc, Tunis et l'Egypte figurent pour une somme de 800,000 fr. dans les recherches de M. Jourdan.

C'est dans l'Algérie, cette terre française de l'Afrique, terre féconde mais qui manque de bras, c'est sous ce ciel, qui est presque déjà celui des tropiques, que devrait être propagée la culture du mûrier ; dût-elle être encouragée par des primes coûteuses, dût-elle être même imposée aux colons que l'on indemniserait dans le commencement, nous croyons qu'il n'y a pas de sacrifice possible que l'avenir dans ce beau pays ne se charge de faire oublier. Il est à croire que l'attention du gouvernement, éveillée par ce qui se passe aujourd'hui, se tournera de ce côté tout en se tournant du côté de l'Asie.

Avant de mettre le pied dans l'Asie, nous nous résumerons et nous dirons : la récolte annuelle de la soie s'élève, en Europe, à la somme de 336,200,000 fr., tandis que le chiffre de la soie tissée dépasse peut-être 1200 millions en y comprenant, il est vrai, tous les frais qu'elle subit dans les différentes manutentions. Au point de vue agricole le chiffre est stationnaire, au point de vue industriel il tend à s'élever. La récolte européenne est une chose précaire : elle est soumise aux intempéries du climat, et ces intempéries sont nombreuses, fréquentes, surtout en France et dans le nord de l'Italie. Il est donc évident que l'Europe agricole est bien loin de suffire à l'Europe industrielle, et qu'aujourd'hui pour se sauver cette dernière doit demander des secours à l'Asie, mais des secours bien plus larges, bien plus prompts que par le passé.

La récolte de l'Asie, toujours d'après les recherches de M. Jourdan, auquel nous n'empruntons que des chiffres, s'élève a 702,800,000. Dans cette colossale production, l'Inde anglaise figure pour 120 millions, le Japon pour 80 millions, et la Chine pour 125 millions. C'est, qu'en effet, ces magnifiques pays sont avant tout la contrée naturelle de la soie. Là le mûrier se développe sous le ciel qui lui convient; là les phases de l'éducation du ver s'accomplissent sans trop d'accidents atmosphériques. La sève monte et bouillonne, la vie se fait, la métamorphose s'opère dans des conditions toujours les mêmes et fixées d'avance pour ainsi dire. L'homme regarde, la Providence fait le reste.

La multiplicité des récoltes, l'immensité du territoire, l'extrême densité de la population, la patience chinoise, l'ambition anglaise, l'exiguité du salaire pour les uns qui sont esclaves, et pour les autres qui, quoique libres, vivent de peu, l'absence de besoins, tout concourt à faire dans l'avenir, de la Chine d'abord, de l'Hindoustan ensuite, les approvisionneurs indispensables de l'Europe.

Du reste, cette nécessité est logique. Pour qu'une industrie grandisse et prospère, il faut qu'elle s'appuie sur des bases solides; ces bases sont l'abondance et le bon marché relatif de la matière première. Le cotonnier américain a fait la fortune de la broche anglaise. Si les Anglais l'ont compris quand il s'est agi de l'industrie cotonnière, ils l'ont également compris pour celle de la soie.

Lorsque lord Huskisson développa, dans son pays, la fabrication des tissus de soie jusques-là dans l'enfance, par la levée de la prohibition sur ceux de France, tous les yeux de l'autre côté du détroit se tournèrent vers l'Asie. Là, en effet, était le nœu de la question.

Depuis ce moment, des efforts sans nombre ont été faits dans ce sens par les Anglais, soit pour dominer sur les marchés de l'Asie, soit pour faire reposer leur fabrication naissante sur l'emploi de ces soies jusque-là peu connues. Ils ont réussi, et aujourd'hui Londres tend à devenir le plus fort entrepôt des soies du monde, parce que l'alimentation de cet entrepôt est dans les pays qui en produisent le plus. La même raison qui consolide l'Angleterre en fait de soie comme entrepositaire, la sauvera cette année comme manufacturière, car les producteurs de sa matière première sont dans la Chine et le Bengale, elle les tient. Avec cette admirable perspicacité qui la caractérise, l'Angleterre a compris, d'un autre côté, que ces importations de soie chinoise qui en 1854, étaient de 60,000 balles, menaient peu à peu la Chine à la transformation de peuple fabricant en peuple vendeur de matière première; car il est évident que les 60,000 balles de 1854 et toutes les importations qui se sont succédées depuis et qui augmenteront à l'avenir, sont et seront autant de moins pour la fabrication chinoise.

On nous accusera de mettre trop haut la Chine et le Bengale, et trop bas la production agricole française et italienne. On criera même à la folie. Nous plaiderons nous-même notre cause, et nous dirons que les difficultés qui entourent en France et en Italie l'éducation des vers à soie sont si nombreuses et si grandes, qu'elles font de la récolte une chose très-aléatoire. De cette incertitude dans la quantité à obtenir, de cette multitude de frais de toute nature résultent, quand il s'agit d'acheter des cocons, des prix tellement fabuleux, que les tissus de soie seront, si cela continue, aussi coûteux que la pourpre de Tyr l'était dans l'antiquité. Le haut prix des soies de France et d'Italie a fait jusqu'à présent celui des soies de l'Asie.

Pour fixer la valeur d'une matière première qui, pour être convertie en tissu, fait vivre un million d'ouvriers européens, on subit l'influence du haut prix revenant des soies obtenues en France et en Italie. C'est, pour nous faire comprendre, le despotisme de la minorité. Toutes les variations de la température qui, depuis dix ans, ont affaibli la récolte : la gelée, la pluie, la sécheresse, etc., ont influé sur le cours des soies étrangères, et cette année la hausse de 55 % des soies françaises et italiennes entraîne les soies de l'Asie dans un mouvement équivalent. Compter sur les soies de notre continent pour alimenter nos fabriques, c'est comme si l'Angleterre comptait sur les cotonniers qu'elle a essayé d'acclimater dans ses différentes colonies, au lieu de s'appuyer sur ceux de l'Amérique du Nord. Là est notre erreur, et puisque l'industrie des tissus en Europe souffre de cette suprématie imméritée qu'on accorde à une production agricole qui sera toujours insuffisante, nous disons qu'il faut se rejeter d'une manière absolue sur les soies de l'Asie, nous disons même que la mauvaise récolte de cette année est à ce point de vue une chose heureuse, car elle nous fait une nécessité d'entrer dans cette voie sans hésiter. Elle nous sauve malgré nous.

Dans les possessions anglaises de l'Inde la production de la soie grège atteint, nous l'avons dit, le chiffre de 120 millions, Mais il est à présumer que cette culture n'a pas à l'heure qu'il est, pris tout le développement qu'elle peut prendre, car les Anglo-Indiens, avant d'être des marchands de soie comme ils le sont aujourd'hui étaient tout simplement des vendeurs d'épices. On peut croire que l'impuissance séricicole de l'Europe, et l'importance néanmoins toujours croissante de sa fabrication, ouvriront les yeux à l'Angleterre en lui faisant comprendre le parti qu'elle peut tirer de ses possessions asiatiques comme productrices de soie.

La soie de Bengale est très-belle dans quelques provinces, très-mauvaise dans d'autres. Pour qu'elle passe dans la consommation industrielle de l'Europe, d'une manière générale et avec un succès qui nécessite un accroissement de culture, il faut que les Anglais ouvrent les portes de l'Inde aux fileurs et aux mouliniers français, aux fileurs surtout. Il arrivera alors pour les soies de Bengale ce qui arrive souvent pour les soies d'Italie quand elles sont ouvrées en France, elles seront transformées.

Car si la France n'a pas un ciel toujours clément, une température toujours égale pour son éducation de vers à soie, elle a par contre une science d'ouvraison qu'aucun peuple du monde ne possède comme elle.

Mais que les Anglais nous admettent dans leur empire de l'Inde, c'est chose douteuse, ce peut être un jour, mais ce jour est loin. En matière de principes politiques ou de doctrines commerciales, l'Angleterre est un grand, un magnifique peuple; comme patriotisme, comme persévérance, comme activité, comme égoïsme national, si toutefois c'est une vertu, c'est un modèle à suivre. Mais quand on entre chez elle, et qu'on veut y rester avec sa liberté d'allure et le sentiment de ses intérêts, l'Angleterre n'est plus la même. Elle devient alors jalouse, cauteleuse, peut-être même un peu Chinoise.

Il est très-difficile à un Français d'opérer en première main comme acheteur sur les marchés de l'Inde. Une puissante maison de Lyon qui a un représentant à C... le sait plus que personne.

On parle souvent de la Syrie et on a l'air de faire fond sur elle. Les soies qu'elle produit sont très-belles, et des mouliniers français sont venus sur les lieux les rendre plus belles encore. Mais le chiffre de sa récolte atteint tout au plus 6 millions.

Nous passons sous silence toutes les autres provenances citées par M. Jourdan et rassemblées par nous dans la somme générale des soies de l'Asie. Tout repose selon nous sur l'Inde proprement dite et sur la Chine et sur cette dernière beaucoup plus encore. L'avenir de la fabrication des tissus de soie en Europe est là, parce que la production de la matière première y est abondante, et parce qu'elle y sera sans limite aussitôt que les Européens le voudront.

Attirons donc directement sur nos marchés français les soies de l'extrême Orient en abondance, mais en si grande abondance qu'elle fassent la loi aux soies d'Europe : entrons à Shang-Haï comme acheteurs. Les premiers essais français d'importation sur une large échelle seront durs et coûteux, mais le moment est opportun ; une fois le courant établi, n'ayons pas peur qu'il s'arrête.

Avant de rechercher de quelle manière nous pouvons nous établir à Shang-Haï comme acheteurs ; avant de dire un mot de la Chine au point de vue politique, et du rôle qu'y jouent les Anglais et les Américains, qu'il nous soit permis de faire admettre ceci, que tout le monde du reste reconnaît, à savoir que les soies de Chine sont, dans beaucoup de provinces, des soies magnifiques, aussi belles que celles de France; le taffetas et le crêpe chinois sont là pour le prouver.

Qu'un jour il arrive des cocons de la Chine comme aujourd'hui il en arrive de la Syrie; qu'un jour les portes du Céleste-Empire s'ouvrent au fileurs italiens et aux mouliniers français, la supériorité de la soie chinoise sur toutes les soies du monde, à l'exception de quelques-unes de notre pays.

ne sera pas une chose à mettre en doute.

Tout le monde connaît la Chine, sommairement du moins. Pour cela il suffit de jeter les yeux sur une carte du monde pour se rendre compte de la place qu'elle occupe en Asie. Sa population est de 361 millions d'après une statistique, si elle n'est pas menteuse, dressée, en 1813 par les mandarins chinois. Cet effrayant et mystérieux empire marche à une décomposition rapide. La corruption inouie de l'administration, la stupide gestion des finances, l'excès de sa population, la pression de l'Angleterre, la Californie bientôt, le percement de l'isthme de Suez un jour, tout peut nous faire présumer qu'avant la fin du siècle, la Chine jusque dans ses plus secrets replis sera ouverte à l'activité du monde civilisé. Cet événement, quand il arrivera sera l'un des plus considérables de notre temps par ses conséquences sociales. Plaise à Dieu qu'il arrive bientôt, car le salut des classes industrielles de l'occident y est fortement intéressé.

L'Europe qui vit de la paix maintenant comme autrefois on vivait de la guerre, mais qui ne peut vivre de la paix que par le travail, souffre de l'étroitesse de ses débouchés. L'Amérique du Nord est devenue le réceptacle principal de sa production industrielle. Mais que signifie l'Amérique ? et de combien de déboires et de déceptions qui se traduisent le plus souvent en pertes et en ruines retentissantes, ne payons-nous pas en Europe le triste avantage de l'inonder de nos produits ? Au fur et mesure que l'industrie se développera dans l'Occident, la position s'aggravera pour nous de l'autre côté de l'Atlantique. Nous avons donc besoin, pour faire cesser ce triste état de choses que la Chine sorte de son isolement, et si elle n'en veut pas sortir assez vite, ce ne serait pas un crime que de l'y contraindre par des traités. Il y a longtemps que les Anglais l'essayent de leur côté.

Avant la guerre de l'opium en 1842, on s'abusait étrangement en Europe sur les forces militaires de la Chine. Aujourd'hui on sait à quoi s'en tenir.

Les forces de l'empire chinois ne sont rien. Elles se composent tout au plus de 60,000 Tartares-Mantchoux, espèce de brigands, mauvais soldats indisciplinés qui entourent l'empereur, et sur lesquels il ne pourrait même pas compter au moment du danger. La milice nationale, qui est chargée de la défense du pays, est inscrite sur les registres des mandarins ; mais c'est là tout. Quand il faut la réunir, une moitié fait la sourde oreille et l'autre s'enfuit. —La Chine n'est donc pas défendue.

Les Anglais qui, en 1842, on détruit Chin-Kiang-Fou, avec une armée de 15,000 Cipayes, auraient pu, par la même occasion. s'ils l'avaient voulu, pénétrer jusqu'au cœur de l'empire, et sans y aller même, en interceptant seulement la communication des canaux qui relient Pékin aux riches et nombreuses provinces qui produisent le thé, le riz et la soie, ils auraient pu faire capituler le gouvernement chinois, et obtenir un traité tout autre que celui connu sous le nom de Traité de Nanking, par lequel cinq ports furent ouverts au commerce occidental et américain, Canton, Amoy, Foutchou-fou, Ning-po et Sang-haï, et par lequel enfin ils obtinrent l'île de Hong-Kong, qui est devenue depuis l'arsenal de l'ambition anglaise dans ces lointains parages. Mais en négociants plutôt qu'en conquérants, en manufacturiers plutôt qu'en civilisateurs, les Anglais s'arrêtèrent, mirent le traité de Nankin dans leur poche, et, tout fiers d'avoir trouvé des débouchés à leurs laines et à leurs cotons, ils rentrèrent chez eux.

Depuis ce temps, il ne s'est pas passé entre les Chinois et les Anglais des événements qui aient nécessité de la part de ces derniers une nouvelle démonstration de force. Ont-ils craint de compromettre leurs intérêts commerciaux, de rétrograder, en un mot; ou bien attendent-ils que les Chinois s'affaiblissent, on ne peut le dire. Mais ce qu'on peut parfaitement assurer, c'est que les Anglais n'ont pas abdiqué leurs secrètes espérances, et qu'ils épient, pour ainsi dire, l'occasion de se montrer de nouveau, décidés à la faire naître si elle ne vient pas assez vite.

On peut tout obtenir du gouvernement chinois par l'intimidation. On peut même le renverser le plus facilement du monde, mais cette œuvre accomplie, il en reste une autre plus périlleuse encore à tenter. C'est celle de contenir une population de 361 millions d'habitants. Il n'a jamais été dans l'idée de l'Angleterre de s'approprier la Chine. Elle préfère le protectorat à la possession, car ce qu'elle demande avant tout, ce sont des débouchés pour ses produits manufacturés.

Du reste, à l'honneur de l'esprit politique occidental, la conquête de l'Empire chinois, en admettant qu'elle fût possible avec les forces dont disposent l'Europe et l'Amérique, répugnerait à l'opinion publique. Nous ne sommes plus au temps de Pizarre. On n'est pas sans savoir de quelle réprobation on a frappé chez les nations civilisées les velléités envahissantes des Etats-Unis à l'endroit de l'île de Cuba. En attendant qu'il tombe de lui-même, disons que le Céleste Empire peut être ouvert en grande partie au monde entier, par le moyen de traités quelconques. Disons que c'est l'arracher à la misère, au despotisme hideux qui le ronge comme une lèpre, que de le mettre en communication avec nous, et que la morale, pas plus que la politique, n'a à rougir au milieu de pareilles tentatives.

C'est depuis 1834 que le commerce privé anglais a fait son apparition à Canton, au moment même où le privilége de la compagnie des Indes expirait, privilége qui impliquait pour elle seule, on le sait, le monopole du trafic indo-chinois. Aujourd'hui les relations de l'Angleterre dans les ports chinois ouverts aux Européens sont considérables. A Shang-Haï et à Canton, son influence est toute puissante ; cette influence n'est pas seulement commerciale, elle est encore singulièrement politique. Le voisinage de ses possessions de l'Inde, l'armée indigène qu'elle y entretient, sa station de Hong-Kong, lui donnent une prépondérance qu'aucun peuple ne lui peut disputer. L'Angleterre tient dans ses mains, du reste, de puissants moyens d'échange, l'opium et le coton.

L'opium qu'elle vend, pour ainsi dire, à main armée, et qu'elle récolte dans les plaines de Bénarès, figure pour plus de 130 millions dans la somme de ses importations chinoises; les Américains viennent après, mais sans atteindre, il s'en faut de beaucoup, le chiffre que nous venons de citer. Il est à déplorer que pour avoir le droit de commercer avec les Chinois il faille commencer par les empoisonner. L'opium est dans les mains des Anglais et des Américains l'agent le plus actif de leurs transactions. Quand au coton, ces premiers l'expédient en bourre de l'Inde et en tissus de leur métropole. Leurs premiers essais ont été très-malheureux, et le début de leurs importations a été semé de ruines nombreuses et considérables; mais la persévérance qui est une vertu britannique les a sauvés.

Il est à remarquer que le peuple chinois qui peut se suffire à lui-même, auquel des lois très-sévères défendent d'acheter les marchandises étrangères dont la consommation n'est pas consacrée par l'usage, est toujours très-peu disposé à accepter les articles manufacturés d'Europe. C'est ce qui explique le succès des Anglais qui ont à leur service les produits agricoles de l'Inde et les tissus bon marché de leur pays ; c'est ce qui fait pressentir également l'importance future des Américains qui commencent à être dans des conditions équivalentes, et qui ont de plus l'avantage d'être par la Californie, beaucoup plus rapprochés des côtes de la Chine que ne peut l'être l'Egypte méridionale.

La France est bien moins partagée. Nos soieries, nos articles de Paris, tous les produits variés de notre industrie de luxe ne peuvent être de notre part des agents d'échange ni constants ni durables. Nos vins si fins et si estimés ne peuvent être appréciés dans un pays où le sentiment du goût est émoussé par le laudanum et l'huile de ricin. Notre indifférence traditionnelle en matière de relations avec la Chine, notre pénurie de services maritimes nous placent enfin au dernier rang comme trafiquants. C'est fâcheux à dire, mais cela est.

Notre rôle, quand le moment sera venu, ne sera qu'un rôle politique, rôle de civilisation, si l'on veut, que nos missionnaires et les catholiques chinois dont nous nous sommes occupés toujours plus que de nos intérêts commerciaux, nous assignent depuis longtemps. C'est sans doute une part assez belle, mais les Anglais et les Américains ne s'en contenteraient pas.

La dépréciation des monnaies européennes dans les ports chinois, la faveur exclusive accordée, au contraire, aux vieilles piastres de Charles IV, la hausse parfois subite de ce numéraire souvent rare parce qu'il est souvent accaparé par les maisons anglaises, sont autant d'entraves de plus apportées à nos transactions avec la Chine. Il n'est donc plus étonnant qu'à Shang-Haï il soit si difficile aux commerçants français de former des établissements solides et que, dans cette ville populeuse où les soies affluent des districts les plus éloignés, nous soyons si complètement effacés. Les marchands lyonnais qui ont essayé de s'y faire représenter, ont eu à lutter contre des obstacles qui les ont découragés. Ceux qui ont persisté ne continuent qu'au milieu de difficultés toujours nouvelles et dans des proportions qui ne leur permettent pas de jouir des avantages que peuvent avoir les Anglais.

Aujourd'hui le commerce des soies de Chine est presque tout entier dans les mains des Anglais. Ce sont les maisons anglaises qui approvisionnent à leur gré la place de Lyon ; c'est sur elles qu'il faut maintenant compter pour combler le déficit dont nous avons parlé plus haut. Nous ne nous arrêterons pas sur le danger que cette intervention forcée peut présenter. Nous laisserons le lecteur tirer les conclusions qu'il voudra. Nous sommes seulement convaincus d'avance que l'on reconnaîtra incontinent la nécessité de nous faire en Chine une position toute autre que celle que nous avons eu par le passé.

Quoi qu'il en soit de leur influence, les Anglais auront beaucoup de peine à faire arriver immédiatement de l'intérieur à Shang-Haï plus de soie qu'il n'en est venu l'année dernière. Il faudra, pour augmenter la somme des exportations de soie, que le chiffre des importations européennes le soit également, et ceci n'est pas facile de prime-abord. N'oublions pas que nous sommes en Chine, sur un terrain où on ne peut pas impunément forcer la consommation, quoiqu'elle soit illimitée, pour ainsi dire, eu égard à la population, et quand il s'agit de l'industrie indigène.

Le peuple chinois accepte les échanges anglo-américains, mais son gouvernement les subit. Le fond de la pensée de ce gouvernement est qu'il s'en peut passer ; il ne lui manque que du courage pour mettre cette pensée à exécution.

Le cours élevé des soies tentera néanmoins les producteurs chinois, mais il faudra parlementer plus d'une fois avec le *taou-tai* de Shang-Haï pour qu'il excite sinon la cupidité, mais bien l'activité de ses administrés.

Il est à présumer, pour en finir, que la diplomatie européenne viendra, au premier jour, couper tous les nœuds gordiens de cette vieille et stupide politique chinoise.

La France et l'Angleterre, qui se sont déjà si heureusement unies pour sauver un peuple nécessaire à l'équilibre de l'Europe, sauront, il faut l'espérer, travailler de concert pour ouvrir au commerce du monde des relations dont il a, on le voit, un si grand besoin, et qui, pour le moment, sont hérissées de difficultés de toute nature. La Chine, nous l'avons dit, peut se passer de l'Europe, mais l'Europe n'en peut pas dire autant. Cette sorte d'indépendance commerciale de la Chine est le signe non équivoque de sa barbarie. Quand les peuples sont civilisés, ils deviennent solidaires, c'est-à-dire que le courant des échanges s'établit librement entre eux. Voilà où l'Europe marche aujourd'hui en dépit des protestations de l'ignorance, et rien ne peut s'opposer à ce mouvement.

La Chine alimentera donc bientôt nos fabriques européennes, mais sur une large échelle. Si elle trouve plus d'avantage à vendre sa matière première qu'à la manufacturer, si le goût occidental, ou plutôt si le sien propre, modifié à notre contact, lui fait accepter nos produits en échange de ses soies, quels immenses débouchés, car c'est toute l'extrémité de l'Asie, l'Europe ne verra-t-elle pas s'ouvrir devant elle!

Ce sont là de grandes et belles espérances qu'un avenir moins éloigné qu'on ne croit se chargera bientôt de faire éclore. Le présent ne s'en peut contenter ; il lui faut quelque chose qui le touche de près. Pour notre part, en face de l'imminence de nos besoins, en raison de ce qui nous manque pour jouer, à Shang-Haï, le rôle qu'y jouent les deux peuples dont nous avons parlé plus haut, nous croyons que de puissantes maisons franco-américaines peuvent se former pour faire affluer dans le port de Marseille des soies de Chine en très-grande quantité. Nous croyons que l'expérience maritime des Américains, que les moyens d'échange qu'ils ont en leur pouvoir, que le débouché de la France, son influence morale en Chine, sa puissance financière, sont là des éléments qui, dans une association de la nature de celles dont nous parlons, doivent déterminer d'avance le succès. Notons en passant que dans une telle question, il ne peut pas y avoir entre la France et l'Amérique d'antagonisme industriel. Car, cette dernière, pour sa part, est complétement étrangère à la fabrication des tissus de soie. Et, c'est là, qu'on le sache bien, une considération puissante.

Du sein de l'orage qui nous menace, il surgira donc, pour ne parler que de nous, un bien immense qui bientôt nous fera perdre le souvenir des épreuves par lesquelles nous aurons passé. Le besoin et la nécessité nous auront enseigné le chemin direct de l'Asie. L'emploi des soies étrangères qui était, il y a quelques années, dans la fabrication lyonnaise, une sorte d'exception, deviendra désormais une règle générale. On aura appris, non pas, si l'on veut, à se passer des soies si coûteuses de France et d'Italie, mais à ne pas les croire indispensables. On saura qu'elles n'ont pas d'autre valeur que celles de l'Asie qui les peuvent remplacer. On marchera à une prospérité industrielle qui sera d'antant plus durable que la matière première sera plus abondante et aura un cours moins élevé et plus régulier, car on trouvera dans la Chine, dans le Bengale, dans le Japon, etc., des ressources qui nous feront oublier les récoltes toujours précaires de l'Europe.

Quel que soit son prix, la soie, c'est de l'or (1), c'est même plus que de l'or. Il y a

(1) Monsieur Gacon que l'on dit fabricant, mais que nous croyons être un orfèvre, dans une lettre adressée au *Courrier de Lyon*, a prétendu que nous aurions été dans le vrai si nous eussions intitulé nos articles *la Soie c'est de l'argent*, attendu qu'un kilog de soie vaut 220 fr., prix du kilog d'argent pur. N'en déplaise à M. Gacon, nous maintenons le titre primitif, qui s'explique par la phrase d'où il est tiré.

au fond de l'Asie des placers bien plus riches que ceux de l'Australie ou de la Californie. Avec les trésors que nous en pourrons rapporter, nous soutiendrons une industrie qui est la gloire de notre pays et qui est en même temps la vie de nos ouvriers.

II.

Quelques personnes, peu familiarisées sans doute avec les questions industrielles, ont cru voir dans nos articles ***la soie c'est de l'or***, un manifeste ou plutôt une réclame en faveur de la hausse. Elles se sont étrangement trompées, nous tenons à le leur dire. Vous nous permettrez donc, Monsieur, et pour la dernière fois, de revenir d'une manière aussi concise que possible sur ce que nous avons déjà écrit dans votre journal, en soumettant, pour ainsi dire à une sorte de condensation, la conclusion des articles précédents que les personnes dont je parle n'ont pas voulu comprendre.

Nous reconnaissons, si l'on veut, que nous sommes entrés dans ce que vous appelez la question de la soie par l'avenue la plus sombre. Nous aurions pu, en prenant un autre chemin, teinter de rose l'avenir, et montrer à l'horizon de la récolte prochaine l'abondance et la baisse. Ceci eût-il mieux valu que les craintes ***hypothétiques*** qu'on nous accuse d'avoir semées imprudemment dans le public ? Nous ne pouvons nous prononcer, quoique nous sachions fort bien que, pour se sauver, il faut avoir peur, et que plus d'un médecin ne craint pas d'effrayer son malade pour qu'il suive le régime qui doit hâter sa guérison.

Pour nous, nous n'avons pas à suivre ce système. Si l'on veut reconnaître aujourd'hui que la fabrique de Lyon peut plus ou moins souffrir de l'état de choses que nous avons dépeint, nous commençons par déclarer que ce n'est pas nous qui sommes son médecin, car nous n'avons pas le fol orgueil d'offrir le moindre remède, comme on se l'est imaginé.

Nous n'avons fait qu'une chose, nous avons exposé le mal, et dans la comparaison des récoltes européennes avec celles de l'Asie, nous avons présumé *qu'il y avait des inductions à tirer et partant quelques soulagements à espérer*. Mais ces soulagements, comme nous l'avons dit, sont plus dans l'avenir que dans le présent.

Pour lutter contre les difficultés du moment il ne faut que de la patience et de la résignation. La fabrique de Lyon ne sera pas la seule à souffrir, nous le répétons ; mais par le génie de ses manufacturiers, l'intelligence de ses ouvriers, c'est elle, à l'exception de l'Angleterre néanmoins, c'est elle qui ressentira en Europe le moins d'ébranlement de la crise que nous traversons.

A tous les tissus unis que la grande consommation pourra délaisser sans les oublier néanmoins par suite de l'excessive cherté, survivront toutes les étoffes qui reposent sur la ***nouveauté***; Lyon sur ce terrain est une ***reine sans rivale.***

Du reste les ouvriers lyonnais, il faut le dire à leur louange, car cela témoigne de leur intelligence, comprennent autant que qui que ce soit l'enseignement qu'il y a au fond de cette crise : ils savent que l'on en sortira avec une sorte de sécurité pour l'avenir ; ils savent qu'en allant s'approvisionner là où la soie est le moins cher, c'est leur bien-être que que l'on consolide ; car la soie bon marché implique l'élévation du salaire.

Nous n'avons donc pas, en parlant de la récolte, voulu noircir l'avenir avec l'intention qu'on nous a supposée d'obéir ou à des intérêts ou à un système. Nous avons vu les choses ce qu'elles étaient pour nous, car elles nous touchent de près, et à ce titre nous nous sommes cru le droit d'en parler. Nous avons fait part de nos impressions, pensant que la franchise valait mieux que le mensonge. Que veut-on de plus?

Aujourd'hui encore si nous avions à revenir sur cette question nous tiendrions le même langage. Nous dirions, si l'on veut et puisqu'on y tient, que le murier n'est pas malade, que le ver ne l'est pas non plus; mais nous dirions que la graine est sophistiquée sur une large échelle, que le haut prix auquel elle se vend, que la difficulté de constater la fraude, sont, pour ainsi dire, des encouragements à la sophistiquer de plus en plus, à moins qu'une législation internationale, ce qui serait long à obtenir, plus long encore à appliquer, ne vienne se mettre au travers de ce vol organisé.

Nous parlerions de la température, variable depuis si longtemps en France, de tous ces accidents atmosphériques qui mettent à néant les plus belles espérances, et que l'on doit à l'avenir, si l'on ne veut pas éprouver de déception, faire entrer en ligne de compte quand il s'agit de la récolte. Enfin nous n'assignerions, si l'on veut, aucun terme à la durée du mal. Mais, dût-il ne durer que peu de temps, ce que nous souhaitons pardessus tout, nous dirions que nous ne devons pas nous y fier, et qu'il faut penser à l'avenir. Qui oserait nous en faire un reproche ?

Nous entrons dans la question des soies de Chine.

Nous avons lu, Monsieur, il y a peu de jours, dans dans votre journal ou dans le *Salut public*, que la soie de Chine entrait pour un quart dans la fabrication lyonnaise du siècle passé, que les guerres de l'empire ayant suspendu les importations de cette sorte de soie, force avait été aux fabricants d'y renoncer, et qu'aujourd'hui, en les employant, Lyon ***revenait à ses anciens errements.***

Les livres modernes qui parlent de l'industrie des soies, le dictionnaire de Laboulaye, par exemple, nous disent en effet que la soie de Chine jouait un grand rôle dans la fabrication du XVIIIe siècle. C'est là une erreur grossière.

Si l'on consulte les livres contemporains du XVIIIe siècle, notamment le ***Dictionnaire universel du Commerce*** de Savary, édition de 1759, et l'on doit y ajouter foi avant tout, parce que les auteurs anciens ont décrit ce qu'ils ont vu, tandis que les modernes en parlant du passé ne consultent que la tradition qui est souvent menteuse. Si l'on consulte, disons-nous, les livres du XVIIIe siècle, on verra que la soie de Chine était à peine connue, très-peu employée dans la fabrique de Lyon, et tenue, en somme toute, pour une trés-mauvaise soie.

Les soies de Perse, celles de l'Asie-Mineure, comme grosses trames entraient au contraire d'une manière normale et pour un chiffre considérable dans la fabrication de ce temps là. Les lourdes et riches étoffes brochées du siècle dont nous parlons, et qui étaient à elles seules la partie la plus importante de la production du temps, justifient cet emploi singulier de soies étrangères moins chères que celles de Piémont et de France et cependant plus convenables que ces derniéres à la fabrication des tissus brochés.

Lorsque la noblesse et les classes riches auxquelles étaient destinés tous ces brocards, tous ces damas, etc., furent emportées à la fin du siècle dernier dans la tourmente révolutionnaire, la mode se rejeta sur les étoffes légères, plus appropriées aux classes nouvelles ; et ceci est tellement vrai que si nous avions à Lyon ou à Paris un musée historique de tissus de soie, on reconnaîtrait d'une manière saisissante cette brusque transition de l'étoffe aristocratique à l'étoffe bourgeoise.

Dans tous les tissus de robe de grande consommation de 1800 à 1848, il n'y en a pas un seul qui aurait pu être fabriqué avec les soies étrangères du siècle passé. L'abandon de ces soies étrangères pour Lyon a donc été le résultat de la révolution sociale de 93,et non de l'état militaire de l'empire.

Jusqu'en 1843, on ne pensait guère chez nous aux soies indo-chinoises. On croyait la production agricole de l'Europe inépuisable. Elle l'était, en effet, à cette époque, car les besoins de la production industrielle n'étaient pas grands, ceux de la consommation pas davantage. L'étoffe de soie n'était pas encore descendue dans les masses, et les classes riche en usaient avec modération, ce qu'elles ne font pas aujourd'hui, heureusement pour nous.

Mais bientôt les tissus de soies deviennent populaires en France, en Angleterre, en Amérique, partout, en un mot. Ils écrasent la toile peinte et la mousseline laine. Il résulte de là un développement industriel dans toute l'Europe, développement immense, inoui, dont la progression est accusée chaque année par des exportations toujours croissantes, et par un excès même de production, témoignage de la pénurie de nos débouchés.

Dès lors la production européenne ne suffit plus. Mais cette insuffisance, on n'ose pas, ou plutôt on ne sait pas se l'avouer.

Aussi, à partir de **1843**, les déficits dans les récoltes, qui autrefois auraient passé inaperçus, sont bientôt accusés par des hausses qui conpromettent le salaire de l'ouvrier, les bénéfices du manufacturier et parfois l'élan de la consommation.

C'est le règne des oscillations. La spéculation exagère la hausse, et quand on est au sommet, la peur s'en mêle et la baisse n'a plus de limite. Les manufacturiers qui ont de grands capitaux suivent le flux et le reflux de ces mouvements subits qui les enrichissent, mais ce qu'on est convenu d'appeler à Lyon ***le petit fabricant, c'est-à-dire celui qui n'a pas quatre ou cinq cent mille francs dans sa poche***, souffre de ces évolutions soudaines, parce qu'il a peur que la baisse le prenne quand il est à la hausse, et parce que, au demeurant, il sait fort bien qu'un échec, s'il l'essuie, c'est sa fortune naissante dont il redescend les degrés plus vite qu'il ne les a montés.

Pendant les années dont nous parlons, de 1843 à 1855, on peut suivre le mouvement des soies anglo-chinoises employées à Lyon. On reconnaît, pour ainsi dire, chaque année cette nécessité, que l'on subit sans s'en douter, de demander à l'Angleterre les soies dont on a besoin pour couvrir la pauvreté de la récolte indigène. C'est un vasselage, pour ainsi dire, auquel on s'habitue et que même on trouve si naturel, qu'aujourd'hui encore vous entendez dire : « Pourquoi aller en Chine, quand, pour ***quelques francs pour cent***, nous tirons de l'Angleterre tout ce que nous voulons ? que nous manque-t-il, en vérité ? »

Que vous manque-t-il ? Lorsqu'un fabricant anglais demande à un agent lyonnais cinq ou six ballots de soie française, croyez-vous qu'il soit aussi bien servi que s'il les achetait lui-même sur les lieux, lui, fabricant, qui sait ce qu'il en veut faire, lui, auquel la connaissance de son industrie sert de guide infaillible au milieu du choix qu'il a sous les yeux ? Croit-on qu'il en soit autrement pour le fabricant lyonnais qui s'adresse à Londres ?

Nous disons que le droit de choisir soi-même constitue pour le manufacturier un bénéfice de 10 0/0 au moins, car avec ce droit il a celui de marchander, et sur ce terrain, il est plus fort que son mandataire.

On nous objectera maintenant que, puisque l'Angleterre est obligée d'acheter par commission pour le besoin de ses manufactures les soies de France et d'Italie, nous pouvons bien, nous, de notre côté; en faire autant pour les soies de chine, et que, dans de telles conditions, la partie est égale.

Cette objection, au-devant de laquelle nous allons, nous savons que quelques esprits timides, mous, *satisfaits*, nous l'opposent et la tiennent comme une raison plausible et même victorieuse.

Comparons et jugeons :

Le marché des soies indigènes de France est à Lyon. C'est un marché de 108 à 115 millions, soit en grèges, soit en ouvrées.

Le marché des soies de toute l'Italie, de toute l'Europe en un mot, excepté la France, est à Turin, à Milan, à Londres, aussi bien qu'à Lyon : Il est partout.

Le marché des soies de Bengale qui, à l'heure qu'il est, est de 120 à 140 millions grèges et ouvrées, est tout entier à Londres;

il y sera toujours. Celui de Chine et du Japon, qui est appelé à être un jour de 250 millions, veut-on le laisser encore tout entier à Londres ? Soyons de bonne foi, la partie serait-elle égale ?

Les marchands de soie, avec leurs dépôts de soie d'Europe, que les fabricants de Lyon ont sous les yeux, ont contribué pour leur part, et plus qu'on ne croit, à la prospérité lyonnaise. Qu'ils aient un jour, par des relations directes et considérables avec le Céleste-Empire, des soies de Chine achetées à Shang-Haï ou consignées par Marseille, Lyon n'aura rien à envier aux manufacturiers anglais.

En 1837, suivant Mac Culloch, la France consommait 2,920 kilos de soie anglaise, c'est-à-dire des Indes orientales. D'après le même auteur, la production annuelle de tout l'Indoustan était évaluée à la même époque à 25,000 balles. On sait aujourd'hui à quel chiffre s'élève cette même production et on peut juger en les comparant des ressources progressives que l'Indoustan doit offrir dans l'avenir à l'industrie européenne des tissus de soie.

Nous donnons ici un état du mouvement des exportations de Londres pour la France. Dans cet état qui ne peut être qu'approximatif, quoiqu'il nous vienne d'une source que nous tenons pour sûre, on sera étonné de ne trouver en 1855 que 158,240 kilos de soie de Chine, lorsque l'on évalue à 300 ou 350,000 kilos la quantité employée en France dans cette même année 1855. On sait que beaucoup de soies de Chine arrivent à Lyon par la voie de Marseille. Chaque, mois l'an passé, la Compagnie anglaise *péninsulaire et orientale* importait à Marseille deux ou trois cents balles directement de Shang-Haï. Cette année cette importation mensuelle est de 4 à 500 balles (1).

On ne doit pas conclure de ce mouvement que nous accusons que ce soit là l'indication d'un commencement de relations

(1) Un journal de Lyon qui nous témoigne peu de bienveillance, ce qui ne nous atteint pas et ce qui conséquemment ne nous blesse pas, a signalé avec bonheur, dans un de ses numéros, l'erreur involontaire qui a été commise dans le *Courrier de Lyon* du 10 de ce mois. Deux notes nous ont été envoyées de Londres par la même maison à deux jours de distance. L'une est celle qui a été attaquée par le journal dont nous parlons, l'autre est celle que nous donnons ici, et comme deux études avaient été faites sur chacune de ces notes, nous avons remis l'une pour l'autre au *Courrier*. Le mal était fait quand nous nous en sommes aperçus. Une pareille erreur s'explique, car nous n'écrivons pas avec des ciseaux.

directes avec la Chine de la part de Marseille ou de Lyon. Toutes les soies qui entrent à Marseille de la sorte y sont adressées par des maisons anglaises qui achètent pour le compte de marchands français. Ces derniers, on en compte un ou deux à Marseille, trois ou quatre à Lyon, ont chacun un représentant à Shang-Haï qui agit auprès des comptoirs anglais, pour le compte particulier de sa maison. Ces relations-là, on le comprend, ne sont que des relations de seconde ou de troisième main.

Exportations de Londres pour la France.

ANNÉES.	SOIE DE CHINE.	SOIE DE BENGALE.
1843	3,020 kilos.	7,060 kilos.
1844	4,065 »	9,280 »
1845	10,290 »	9,450 »
1846	23,546 »	10,800 »

1847	29,996	»	11,240	»
1848	29,789	»	10,500	»
1849	28,814	»	9,700	»
1850	29,275	»	9,000	»
1851	32,187	«	11,660	»
1852	44,550	»	8,900	»
1853	68,900	»	10,700	»
1854	118,840	»	11,900	»
1855	158,240	»	10,150	»

Dans les premières années de ces exportations anglaises et jusques en 1851, il faut comprendre dans chacune d'elles une certaine quantité de soie blanche de l'Asie-Mineure qui était ouvrée à Londres soit en trame soit en organsin et qu'on vendait à cette époque pour des soies de Chine. Lyon n'entre largement dans la consommation de cette dernière matière qu'à partir de 1851, juste au moment où un fabricant de Lyon ou de Saint-Etienne, dont le nom serait digne d'être conservé, eut l'heureuse idée de convertir les organsins de Chine en trame par le moyen de la détorsion.

On remarquera qu'en 1843 le chiffre des soies de Bengale est de 7,060 kilos et en 1855 de 10,150, d'où l'on peut conclure que cette soie a de la peine à entrer dans la fabrication lyonnaise, quoiqu'il y ait eu cependant, de 1843 à 1855, un progrès sensible de la part des Anglais dans l'art de la filature. Il est vrai qu'il faut encore faire entrer en ligne de compte les soies de Bengale qui arrivent maintenant par Marseille à l'état de grège, mais cette addition qui après tout n'est pas forte, ne modifie en rien ce que nous avons dit du délaissement de la soie de Bengale jusqu'en 1855.

Si au contraire il s'agit de la soie de

Chine, la conclusion est toute différente. On part de 3,020 kilos en 1843, pour arriver en 1855 à 158,240 kilos, auxquels il faut ajouter 150 à 180,000 kilos par la voie de Marseille.

Mais cette consommation toute importante qu'elle paraît de prime-abord n'est rien si on réfléchit que l'exportation de Shang-Haï à Londres a été en 1855 de 2,750,000 kilos et que la part afférente à la France n'est après tout que de 300 à 350,000 kilos. Ceci nous amène à reconnaître ce qui du reste est su de tout le monde, que les Anglais sont à eux seuls les consommateurs obligés de leur exportation, et que leurs besoins, ceux de la Prusse, de la Suisse, etc. seront encore accrus cette année dans une proportion notable.

Or, si l'on venait dire aux Lyonnais : en

dehors des 150,000 kilos que les Anglais peuvent cette année importer de plus à Marseille, vous aurez encore 200,000 kilos. Consolez-vous ; 200,000 kilos pour combler le déficit des soies de France et d'Italie, nous avouons que c'est une fiche de consolation qu'on ne peut entrevoir qu'à la loupe. Néanmoins acceptons-là. Eh bien ! pour avoir ces 200,000 kilos, il faudrait opérer sur une exportation générale de Shang-Haï en Europe de 86,000 balles. Ce ne sont pas là, tout le monde le sait, les espérances que donne le dernier courrier de Chine.

Nous avons dit que le déficit de la récolte européenne de cette année pouvait être évalué à 55 p. %. Si l'on conteste ce chiffre que nous n'avançons du reste qu'après des renseignements consciencieusement pris, nous dirons à ceux qui le nient de parcourir eux-mêmes la France et l'Italie. Ils reviendront de cette périgrination, nous en sommes convaincus, avec des idées toutes différentes. Pour faire une part néanmoins au doute et à l'optimisme, nous n'estimerons le déficit qu'à 50 p. °/₀. Nous dirons alors que la récolte européenne est de 150 millions de francs moins forte que la moyenne des récoltes précédentes calculée sur un nombre de huit années. 150 millions de francs de soie grège, c'est 2,500,000 kilos à raison de 60 f. le kilo (1) qui manqueront à la consommation, c'est-à-dire à la fabrication européenne, et comme la France représente à elle seule la moitié de cette fabrication, ce n'est pas se hasarder que de dire qu'il lui manquera ainsi à elle seule 1,250,000

(1) Il est évident qu'il n'est pas question des prix de cette année.

kilos de soie, sur cette somme il y en a la moitié (les organsins) que la soie de Chine ne peut pas remplacer ; l'autre moitié (les trames) trouvera une faible compensation dans l'excédent de l'exportation chinoise de cette année. Mais cet excédent, nous avons vu qu'il aurait de la peine, en présence des besoins de l'Europe à atteindre 200,000 kilos (1).

(1) Un raisonnement pareil, dira-t-on, est la consécration du maintien de la hausse. — C'est évident, et c'est une chose heureuse qu'on le puisse ainsi prouver. — Quand la stabilité de la hausse ne sera plus mise en doute, les acheteurs du monde entier, dans une proportion moins forte, il est vrai que par le passé, accepteront les prix élevés contre lesquels ils se raidissent aujourd'hui, et tout le monde sera sauvé, fabricants et ouvriers. La baisse que tout le monde doit désirer, doit être, pour ainsi dire, une baisse d'*amortissement*, faible, lente et sans secousse. La souhaiter immédiate au bout de quatre mois

Commence-t-on à comprendre que l'on ne peut pas aussi facilement qu'on le croit, et en aussi grande quantité qu'on le voudrait pour ses besoins, faire venir, cette année, des soies de Shang-Haï à Londres et de Londres à Lyon?

Ceux qui connaissent les difficultés des transactions en Chine, difficultés qui reposent sur le mauvais vouloir des mandarins, et sur un système d'échange très-restreint en marchandises, très-coûteux en piastres et en lingots, comme nous l'avons dit, ceux-là, s'ils veulent être vrais, devront avouer

si l'on veut, c'est mettre en jeu l'existence commerciale de beaucoup de fabricants et d'un nombre plus grand encore d'acheteurs. L'Asie se chargera de produire la baisse que nous demandons longuement c'est vrai, et quelques soient les récoltes de l'avenir.

que nous lyonnais, si nous avons cette année 80,000 kilogrammes de plus que l'an passé, nous devons nous estimer très-heureux.

Qu'on ne vienne donc plus nous dire : ***Quand la soie est chère, elle sort de dessous terre***, la Chine nous fournira au-delà de nos besoins; restons chez nous.

Nous, qui sommes des fabricants, des ouvriers, des teinturiers, etc., et pas le moins du monde des épiciers spéculant sur les soies de Chine, nous ne demandons qu'une chose pour travailler, de la matière première à bon marché. Nous la demandons plus pour l'avenir que pour le présent, car nous savons que le présent ne peut nous la donner.

C'est encore la pluie (nous avons oublié

de rappeler ***cette nouvelle cause***, (quoique en Espagne la récolte soit nulle depuis deux années avec le plus splendide soleil du monde), c'est encore la pluie, dit-on, qui a perdu en France la récolte de cette année ; une autrefois ce sera la gelée, et il nous faudra remonter de nouveau les degrés de la hausse, les uns pour se ruiner en les redescendant, et les autres pour chômer et pour souffrir.

Laissons donc de côté les espérances dont on nous berce, elles pourraient devenir de cruelles déceptions ; l'édredon de l'optimisme est une couche moëlleuse et douce, c'est vrai ; il est charmant mais il est imprudent de s'y endormir, car on y oublie le lendemain.

La récolte en Europe est cette année une moitié de récolte ordinaire ; les soies ont atteint un prix auquel on ne les a jamais vues. Nous avons devant nous nécessairement quelques mois de ralentissement dans nos travaux industriels; c'est là un malheur, il faut l'avouer. Eh bien! ce malheur, néanmoins, nous le bénissons. Cette hausse inopinée qui peut arrêter le battement de nos métiers, mais qui ne peut pas les détruire, eh bien, qu'elle soit la bienvenue, car elle nous fait ouvrir les yeux et nous met dès aujourd'hui sur le chemin de ce que nous et bien d'autres croyons être notre salut.

Nous entrons maintenant dans le vif de la question, de cette question qui a été le but des articles que nous avons déjà publiés dans ce journal, et que quelques personnes, par ignorance ou par mauvaise foi, nous osons l'avouer, on feint de ne pas saisir.

Nous commençons par poser ces quatre principes que nous ne croyons pas contestables. Nous demandons seulement qu'on s'y attache, car ils sont notre justification :

1° La soie indigène d'Europe est trop chère (nous ne parlons pas des prix actuels), elle l'est trop depuis l'accroissement de la consommation des tissus de soie, et depuis le développement industriel qu'a nécessité cette consommation du monde entier. Cette cherté de la soie indigène provient des difficultés, des frais sans nombre de l'éducation, de son insuffisance et des variations de la température qui compromettent sans exagération trois récoltes sur quatre ;

2° La soie de l'extrême Asie coûte en temps ordinaire et en moyenne 50 p. 0/0 de moins que la soie européenne. Les récoltes du Bengale, du Japon et surtout de la Chine et de ses peuples tributaires, sont illimitées. Le bon marché de la soie asiatique est le résultat de la densité de la population, de la vie peu coûteuse des indigènes, de la multiplicité des récoltes, et surtout du climat;

3° Dans l'état des rapports européens avec la Chine, les soies du Céleste-Empire ne peuvent pas remplacer d'une manière générale celles de l'Europe. L'exportation de Shang-Haï à Londres serait cette année, ce qui est impossible, on le sait, cinq ou six fois plus forte qu'elle n'a été en 1855, que cet excédant, quel qu'il soit, n'aurait pas une influence aussi grande qu'on peut le croire sur le cours des organsins fins de France et d'Italie, qu'aucune soie chinoise connue en Europe ne peut pour le moment remplacer. Il n'en sera plus de même quand on aura appris aux Chinois à filer et à dévider leurs soies. Il n'en sera plus de même surtout quand les exportations se feront en cocons. Or, avant deux ans, si l'on veut, on peut arriver à ce résultat (1);

(1) Les fabricants et les ouvriers ne sont pas les seuls intéressés dans cette question de la soie. Ils ne sont pas les seuls à se plaindre de ces variations constantes qui existent depuis si longtemps dans les cours, et qui les livrent tout entiers au caprice aléatoire de la spéculation; les filateurs et les mouliniers, eux aussi ont à souffrir. Demandez leur combien de fois ils ont commencé avec la hausse et fini avec la baisse, combien de fois ils ont vendu à perte des soies dont les cocons leur coûtaient cher. Les fluctuations dont nous parlons, et qui sont l'effet des appréhensions qui se tiennent debout à l'entrée de chaque récolte, et auxquelles la spéculation donne souvent un corps, ne pourront disparaître que lorsque l'Asie viendra, d'une manière capitale et constante, lutter contre l'Europe. C'est pourquoi nous souhaitons aux filateurs français beaucoup de cocons de Chine à filer, aux mouliniers beaucoup de grèges de

4° La prospérité d'une industrie, c'est-à-dire son extension illimitée, le bénéfice de ses agents, le bien être de ces ouvriers, repose sur le bon marché de la matière première nécessaire à cette industrie, bon marché qui implique conséquemment l'abondance de cette matière première et une sorte de fixité dans ses cours.

Ces quatre points admis et non contestés,

Chine à ouvrer. Ils ne seront plus dès lors sous la dépendance des soies de l'Europe. L'abondance sur les marchés donnera plus de stabilité aux prix et les fera moins élevés. La filature et l'ouvraison peuvent être incontestablement moins coûteuses en Chine qu'en France, mais cette différence ne signifie rien ; ce qui détermine la valeur de la soie, avant tout, c'est le prix des cocons, et ce prix, quel que soit la concurrence sur le marché de Shang-Haï, sera toujours inférieur à celui des cocons de France et d'Italie, jusqu'au moment où les cours se nivelleront en baisse par l'effet de l'abondance.

nous disons qu'il y a en France deux industries en présence :

L'industrie de la soie agricole qui commence au cultivateur qui vend la feuille de son murier, et qui finit au magnanier qui vend ses cocons ;

L'industrie de la soie manufacturée qui commence au filateur ou au moulinier, et qui finit à l'ouvrier tisseur.

La première, nous l'avons dit, bon an mal an, produit pour 108 millions de soie, environ. Il faudrait beaucoup d'efforts, c'est-à-dire beaucoup de temps pour l'amener à 20 millions de plus.

La seconde marche en France sur un chiffre de 650 millions à peu près, et elle pourrait avec la matière bon marché, comme nous l'entendons, atteindre un milliard en moins de dix ans. Ce qui s'est passé de

1848 à 1855 en est la preuve. Au milieu de toutes les entraves qui l'entouraient de toutes parts, l'industrie de la soie manufacturée en France a plus que doublé dans le laps de temps dont nous parlons. Mais cette progression serait loin de continuer si l'on restait dans la position où nous sommes, Nous croyons qu'elle ne pourrait que décroître, car à côté de nous les fabriques étrangères ont grandi dans une proportion équivalente. Le marché des Etats-Unis l'indique assez. Aujourd'hui nous rencontrons sur ce marché des rivaux qui sont à redouter quoi qu'on dise, et dont notre amour-propre ne veut pas encore reconnaître la puissance, mais qu'il faudra bien cependant avouer un jour.

Quand nous parlons de la production de la soie manufacturée en France, et que nous citons le chiffre de 650 millions, on comprend que nous voulons parler, sans qu'il soit besoin de plus d'explication, de tous les agents qui jouent un rôle dans cette production. Le nombre de ces agents est considérable. Il est inutile de le décomposer.

Nous ne pousserons pas plus loin le parallèle entre l'industrie agricole et l'industrie manufacturière de la soie en France. Nous ne ferons pas ressortir davantage l'exiguité de l'une et l'importance de l'autre. La première joue un rôle d'endiguement, pour ainsi dire, sur la seconde, qui est un fleuve magnifique de prospérité nationale. — Brisons ces digues pour que ce fleuve aux larges ondes s'épande au loin et sème de toute part et la richesse et le bien-être.

Nous nous arrêtons là. Mais néanmoins,

avant de terminer, nous tenons à ce qu'on sache bien que nous ne voulons pas arracher les mûriers français, ni convertir les magnaneries en greniers à foin. Nous désirons, pour le salut de tous, que la domination de la matière première soit retournée. Il faut, pour que cette prospérité industrielle, dont nous avons parlé plus haut, ne faiblisse pas dans l'avenir, il faut que le contraire de ce qui arrive aujourd'hui ait lieu : il faut que les soies de l'extrême Asie exercent une pression sur le cours de celles du continent. Toute la question est là.

Vous donc qui, dans une lettre adressée au *Courrier de Lyon*, vous lamentiez ces jours passés sur ***ce précieux fil***, ***sur ce précieux ver***, ***sur ce précieux cocon***, etc., séchez vos larmes, homme sensible, nous vous en prions ; renfoncez cette douleur qui nous fait mal. Nons ne sommes pas le capitaine qui pour sauver son vaisseau jette à la mer une partie de sa cargaison, nous sommes plus modestement le muletier de Castille, si vous voulez, qui des deux bâts que porte sa bête, s'aperçoit qu'il y en a un qui entraîne l'autre ; que fait-il? Il rétablit l'équilibre.

Nous savons que les prétendus défenseurs du *travail national* ne nous ménageront pas. Dans leur carquois prohibitioniste ils chercheront la flèche la plus acérée pour nous percer le flanc : peu nous importe, nous aurons dit ce que nous et beaucoup d'autres croyons la vérité.

Vous voyez donc qu'il faut aller en Chine, et qu'en attendant que nous le puissions par nous-mêmes, il faut former des maisons franco-américaines. Informez-vous du mouvement de la marine marchande des Etats-Unis dans les mers de l'Indo-Chine; informez-vous de leurs moyens d'échange; reconnaissez, et vous le savez mieux que nous, Monsieur *Sino-Seriphile*(1), qu'entre un peuple qui va en Chine avec des piastres ou des lingots d'argent, et un autre qui y importe des marchandises quelconques, comme les Américains, il y a une grande différence : tandis que le premier ne réalise un bénéfice que sur la chose qu'il achète avec ses piastres ou ses lingots, l'autre le trouve des deux côtés, sur ce qu'il importe et sur ce qu'il exporte.

C'est par le canal des grandes compagnies financières, actuellement existantes en France, que l'on arrivera à cette alliance commerciale avec l'Amérique du Nord. On crie dans notre pays contre leur influence

(1) Correspondant d'un journal de Lyon.

toute puissante : on crie au monopole, à l'accaparement, etc., grands mots qui sont de tous les temps, et on ne se doute pas que ces grandes compagnies il faut qu'elles vivent et qu'elles soient même ouvertement protégées.

En France, où la fortune publique est infiniment divisée, condition sociale qui est préférable, nous l'avouons, à celle de la Grande-Bretagne, nous n'aurions aucune force commerciale et industrielle si nous n'avions à notre secours que les ressources de chacun de nous. C'est dans la cohésion, la réunion de toutes ces ressources isolées et fractionnées, c'est par l'association que nous arriverons aux grandes choses. En Angleterre, ces compagnies sont moins utiles aujourd'hui que chez nous, car la concentration de la richesse financière donne à chacun des moyens suffisants pour tenter toutes les entreprises possibles. Il sera, néanmoins, à l'éternel honneur de l'Angleterre d'avoir la première manié ce puissant levier de l'association. Dans un siècle où l'industrie n'était pas née en Europe, où le commerce était dans l'enfance, le 31 décembre 1600, avec un capital de 30,000 livres sterling, divisé en 100 actions, quelques marchands de Londres jetaient les fondements de cette glorieuse compagnie des Indes-Orientales, que nous connaissons tous et qui est devenue aujourd'hui une des puissances de la terre.

Le nom de l'Angleterre revient encore sous notre plume, il ne peut en être autrement toutes les fois qu'il s'agit d'industrie, de commerce et de vastes entreprises. Il nous semble avoir lu quelque part que nous étions effrayés de ce qu'à un jour donné quatre ou cinq capitalistes anglais pourraient accaparer nos soies indigènes. Nous n'avons fait qu'indiquer cette possibilité, et nous n'en sommes nullement inquiets. Ceux qui connaissent l'Angleterre et qui sont renseignés sur ses tendances commerciales, ceux qui savent quelle influence politique donnerait à un grand peuple la concentration de tous les marchés de matières premières, ne sont pas étonnés de cette éventualité, que nous n'avons pas été du reste les premiers à signaler; nous ne viendrons pas pour l'anéantir dire qu'il faut empêcher aux soies de France de passer la frontière, en les frappant d'un droit de 25 p. % à la sortie, ce serait là le premier remède des défenseurs du travail national. Nous qui comme bien d'autres savons que la *liberté* est un vase sacré qu'on profane en le touchant, nous dirons : défendons-nous par l'intelligence et les capitaux, nous avons les deux ; ce que les Anglais peuvent faire chez nous, nous le pouvons chez eux si nous voulons. C'est ce même respect de la *liberté* qui nous fait dire qu'une compagnie financière peut acheter des soies, puisque M. Rostchild le peut, et au-dessous de lui le premier venu.

Les Anglais n'ont sur nous qu'un avantage, c'est d'être de cent ans plus vieux que nous en industrie. Quand au XVIIIe siècle, nous faisions de la philosophie pour changer la face sociale du monde, ils posaient eux la première pierre de cette puissance manufacturière qui nous effraye à cette heure. Nous avons travaillé pour l'humanité, et les Anglais pour eux seulement ;

notre rôle est sans doute le plus beau. Aujourd'hui au milieu de nos destinées nouvelles, nous pouvons les égaler si nous le voulons, car nous avons ce qu'ils n'ont pas, le goût industriel, l'idée qui crée, l'activité qui exécute ; il ne nous manque que la vieillesse ; elle viendra assez.

Nous revenons en Chine.

Nous entrerons donc par les soies dans le trafic indo-chinois. Ces relations qui nous sont désormais imposées par une nécessité qui nous est spéciale à nous Lyonnais, en amèneront d'autres qui peuvent être un jour pour la France une source nouvelle de prospérité. Ce dont l'industrie souffre le plus en Europe, c'est de la pauvreté des débouchés. Nous l'avons dit, et nous le répétons encore, achetons à la Chine ses matières premières et nous trouverons-là un jour une consommation positive de nos articles manufacturés.

Mais pour que nos produits manufacturés autres que nos soieries trouvent un écoulement dans le Céleste-Empire, il faut entrer dans cette voie de la liberté commerciale progressive que le génie de l'Empereur a voulu nous ouvrir cette année, et dans laquelle on le comprend maintenant, nous rencontrerons le salut et la prospérité de la France.

Nous ne pouvons pas trafiquer en Chine aujourd'hui dans les conditions douanières où nous sommes placés. Quand la laine et le coton ouvrés ou tissés, quand le fer et la houille seront affranchis, nous y jouerons un rôle commercial digne de nous. Jusque-là attendons, et soyons en Chine Franco-Américains pour y être avec quelque avantage.

Ce grand principe de *la liberté* qu'un journal de Lyon attaquait il y a quelques jours, par ses insinuations sur les Compagnies financières, a toujours été défendu par le *Courrier de Lyon* avec un zèle et une intelligence du bien public pour lesquels il ne peut y avoir assez d'éloges ; nous n'irons donc pas sur ses brisées, et du reste la liberté commerciale n'a plus besoin de plaidoyer, elle est aujourd'hui la lumière. Nous ne dirons pas que ceux qui la nient sont les hommes du passé, mais nous dirons qu'un intérêt mal entendu leur ferme les yeux. On sait aujourd'hui fort bien en France que 38 millions de consommateurs souffrent de la cherté du coton et de la laine ; on sait fort bien que le fer et la houille, par l'élévation de leur prix, renchérissent tous les produits industriels. On se dit qu'en face de ces chaînes qui nous garottent, la ***protection*** accordée à certains manufacturiers, devrait bien être peu à peu effacée du tarif de nos douanes ; enfin on se fait à part soi ce petit raisonnement, que si nous pouvions un jour acheter le coton, la laine, le fer, la houille, etc., là où ils sont le meilleur marché, ce serait autant de moins que nous aurions à dépenser pour nous vêtir, pour nous chauffer, et pour produire, et autant de plus conséquemment que nous pourrions ajouter à notre bien-être.

Si les éducateurs de vers à soie en France avaient eu assez de puissance sous le dernier règne pour se faire ***protéger*** par une prohibition ou un droit de 15 p. °/₀ sur les soies de l'Asie, où en seraient aujourd'hui, nous le demandons, et Lyon et Saint-Etienne?

Eh bien! ce qui serait arrivé dans un

cas pareil à l'industrie de la soie tissée, arrive chaque jour à toutes les industries qui vivent du coton, de la laine, du fer, de la houille, etc.

Elles subissent d'abord une sorte de compression par suite de la cherté des matières premières, peu à peu elles s'étiolent en s'endormant dans la protection, ce qui ne les empêche pas néanmoins d'appauvrir le consommateur.

Nous revenons à notre sujet. On ne sait pas en France, à quel point nous sommes jusqu'à présent restés étrangers à ces immenses transactions de la Chine. On ne sait pas en quel flagrant délit d'impuissance nous nous trouverions placés subitement si un jour, que nous ne croyons pas loin, l'insurrection chinoise victorieuse intronisait une nouvelle dynastie qui, pour signaler son avènement et sous la pression de l'Angleterre, ouvrît le Céleste-Empire à toute l'Europe.

L'*Annuaire* de Firmin Didot n'est pas, à vrai dire, nous le savons, l'expression exacte du commerce français ; mais à peu de chose près il en est l'indication. Eh bien, le croirait-on ? à Amoy, Canton, Fou-Chow-Foo, Hong-Kong, Ning-Po, Whampoa, il n'y a pas un seul négociant français cité. A Macao il y en a un, à Shang-Haï deux. Les Anglais, au contraire, sont dans tous les ports et en une majorité à laquelle, il faut le confesser, nous n'arriverons jamais. Viennent ensuite les Américains, et après eux les Allemands et les Suisses.

Cette infériorité, nous le demandons, est-elle digne de la France, de ce peuple que ses victoires ont immortalisé il est vrai, mais que la paix doit rendre, sans aucun doute, plus puissant qu'il n'a été?

Croira-t-on maintenant que si nos besoins, et ils sont impérieux, on l'a vu, nous fournissent aujourd'hui l'occasion d'essayer en Chine le rôle qui nous est dû, nous ferons bien d'y résister plus longtemps, et de nous consoler par ces mots d'une adorable naïveté: ***Avec quelques francs de plus pour cent nous achetons des soies à Londres.***

Quant à nous, on nous a supposé des intentions belliqueuses pour lesquelles nous ne sommes pas né. Où a-t-on vu que nous voulions entrer en Chine le mousquet sur l'épaule, et faire suer la peur à ces pauvres mandarins? Ne sait-on pas et ne l'avons-nous pas dit, que la diplomatie française finira là-bas ce que le catholicisme a commencé?

Le grand homme qui nous gouverne et qui nous a replacés à la tête de l'Europe politique, sait que la paix est aujourd'hui la condition de la société moderne, et que par elle on est plus fort que par la guerre. Quand la France et l'Empereur le voudront ils parleront, et leurs voix seront écoutées en Chine et ailleurs, sans qu'il soit besoin de celle du canon.

CONCLUSION.

—

Celui qui a écrit ce petit livre n'a pas, on peut le croire, un intérêt à soutenir la hausse de la soie, car il n'en vend pas ; il n'a pas non plus, ce qu'on a prétendu, espèce de condottieri littéraire, prêté sa plume à la spéculation, comme d'autres peuvent la prêter à la prohibition ; il n'est pas enfin un perturbateur du repos public, ainsi que certaines gens l'ont stupidement insinué ; il aime tout simplement son pays et l'industrie dans laquelle il est né. Cette industrie qui porte jusqu'au bout du monde, de concert avec les articles de Paris, l'impression de Mulhouse et les vins, le nom si sympathique de la France, cette industrie, il n'a pas la prétention de la sauver, car elle n'est pas encore en danger, et une telle prétention, du reste, quoique à la hauteur de son dévoûment, ne serait pas à la hauteur de son intelligence ; il n'a tenté qu'une chose, c'est de signaler à ses concitoyens ce que lui et beaucoup d'autres ont entrevu dans l'éloignement ; il n'a pas sonné le tocsin, il a crié à ceux qui dormaient de se réveiller et de regarder tout à l'entour d'eux.

En effet, que voyons-nous ?

Lyon, Saint-Etienne, etc. à la merci de quelques éducateurs du Midi ; l'Asie nous offrant des soies qui sont aussi belles et meilleur marché que les nôtres, et nous, supplice de Tantale, incapables d'aller les y chercher.

Que voyons-nous encore ?

Autour de nous des concurrents qui s'élèvent et qui grandissent chaque jour, que nous commençons à rencontrer dans le monde entier, et qui sont dans des conditions vitales que nous devrions étudier ; un grand peuple qui poursuit dans l'ombre son projet d'accaparement des marchés de matières premières, pour nous écraser un jour de sa domination, et nous, aussi grands, plus grands même que ce peuple, ne soupçonnant même pas cette domination de l'avenir.

Que voyons-nous enfin ?

La Chine, ce théâtre immense et inconnu,

où plusieurs nations jouent un rôle commercial , l'Angleterre le premier, l'Amérique le second, la Suisse et l'Allemagne le troisième, et où nous ne sommes que de simples spectateurs ; la Chine, où l'industrie et le commerce de notre temps sont appelés avant peu à dresser leurs tentes, qui ne seront pas d'un jour.

Telles sont les révélations qu'a faites l'auteur de ce petit livre. Les uns le blâment, il le sait ; les autres, et ce sont les plus nombreux, le comprennent, c'est là tout ce qu'il ambitionne.

A ceux qui le blâment, il dit :

« Ayez le courage d'avouer publiquement qu'il vous est indifférent d'acheter vos soies à Londres ou en France ; qu'il vous est indifférent d'aller en Chine ou de n'y pas aller ; ayez le courage d'avouer que l'avenir n'est rien, que les traditions sont tout, et qu'ainsi ce qui pourrait vous fortifier, la *liberté*, l'association des capitaux, la stabilité des cours, le bien-être de vos ouvriers, sont autant de mots vides de sens, autant d'outres gonflées de vent ; pour combler enfin la mesure, ayez le courage d'avouer qu'il vous est indifférent que l'industrie de Lyon et de St-Etienne prospère ou faiblisse, pourvu que votre petit métier fasse son petit chemin. Sur un thème pareil, faites-nous une brochure et lancez-la dans le monde ; qu'on vous connaisse et qu'on vous juge. »

En attendant cette publication, nous rentrons dans notre personnalité, et nous disons avant de nous retirer, qu'il serait imprudent de former des compagnies, pour commercer en Chine dans les conditions douanières où la France est placée dans ce moment. Toute société, fût-elle montée même sur un capital de cent millions, si elle n'a que des piastres et des lingots à porter à Shang-Haï, ne peut pas fournir une longue carrière. Quand on trafique en Chine, il faut qu'*une main lave l'autre*, c'est-à-dire que l'importation vienne au secours de l'exportation, et réciproquement. Pour que notre début soit encourageant, et il faut qu'il le soit, car un échec, si nous l'éprouvions, nous éloignerait à jamais de la Chine, nous devons, après avoir préalablement étudié les importations praticables dans le Céleste-Empire, après avoir reconnu que nos cotons et nos lainages courants sont, à l'heure qu'il est, battus par les produits similaires de l'Angleterre et de l'Amérique, nous devons, après avoir constaté que nous n'avons pas les moyens maritimes de nous procurer de l'opium, des fourrures et tous les articles d'importation chinoise, nous devons, disons-nous, laissant de côté tout amour-propre national, tendre la main aux Etats-Unis, et former avec eux sur une vaste échelle des associations commerciales.

Le premier soin serait de composer un comité à Paris, dans lequel entreraient d'abord des négociants français et américains pour étudier la question au point de vue du trafic, et ensuite des hommes politiques et des économistes; les premiers pour agiter le point des traités, tels que ceux par lesquels l'exportation des cocons serait permise, les seconds enfin pour appuyer cette élaboration générale de l'autorité de leur science, non pas que la science en matière commerciale vaille l'expérience proprement dite, mais elle a des vues bien souvent qui peuvent échapper à la préoccupation du praticien. Que ce comité pourvu de renseignements précis, positifs, se présente à Lyon, à Paris, à Marseille, à New-York, à Boston, à San-Francisco, ce n'est pas cinquante, c'est quatre-vingts, c'est cent millions qu'il pourra réunir.

Une société pareille est-elle donc si difficile à organiser ? Et d'abord quelles chances de bénéfices offre-t-elle ? Cbacun peut s'en rendre compte. Les matières premières qu'elle importerait en France, c'est-à-dire la soie, y sont-elles d'un écoulement chanceux ? Ceux qui connaissent Lyon et Saint-Etienne doivent répondre à cette question. Et puis quelles conséquences économiques et même sociales ! l'Amérique qui resserre avec nous les liens de sa vieille alliance, qui s'ouvre de nouveaux débouchés en

Chine, qui prend part à des transactions de soie, matière première, auxquelles, jusque-là, elle était restée étrangère ; la France qui se crée des relations directes là où elle n'avait que des intermédiaires, la France qui consolide sa belle industrie des tissus de soie, et qui se prépare, par le développement forcé de sa marine marchande, à jouer dans les mers de l'Indo-Chine un rôle que lui réserve dans l'avenir la liberté commerciale.

Cherchons maintenant si, dans une entreprise pareille, il pourrait y avoir quelques raisons industrielles contre elle.

En ce qui concerne spécialement les fabriques françaises, quelle influence peuvent exercer sur les prix généraux de matières premières ces exportations nombreuses et cette transformation, par la filature, de la soie chinoise. On est allé jusqu'à écrire.

dans un journal, que nous serions plus mal partagés avec une société franco-américaine que nous ne le sommes maintenant avec l'intervention anglaise ; et on a posé à peu près cette conclusion, que les prix devant être plus élevés par l'effet de la concurrence de la filature et de l'ouvraison françaises qu'ils ne le sont aujourd'hui, il valait mieux s'abstenir. — C'est aussi l'opinion des anglais, qui verraient d'un aussi mauvais œil la formation d'une telle société, qu'ils voient aujourd'hui le projet du percement de l'isthme de Suez.

On a, à cet effet, cité l'exemple des soies de l'Asie-Mineure, qui sont aujourd'hui (l'an passé) beaucoup plus chères qu'elles ne l'étaient avant les exportations des cocons. Nous allons répondre à ces objections de telle façon que nous ne laissions rien derrière nous, qu'on puisse nous opposer.

Les cocons de l'Asie-Mineure filés et ouvrés en France, au lieu de l'être, comme autrefois, sur les lieux de production, sont une pépite d'or sortant des mains de Froment-Meurice, au lieu de sortir de celles d'un orfèvre de village. Des cocons de Syrie, etc. ouvrés en France ont donc beaucoup plus de valeur, qu'ils n'en avaient autrefois lorsqu'ils étaient ouvrés par l'indigène. Mais cet accroissement de prix n'en est pas un réellement, et cela est si vrai qu'en temps ordinaire, ce qui signifie que nous ne parlons pas de cette année, une étoffe quelconque est plus belle, meilleur marché quand elle est fabriquée avec des cocons de Syrie ouvrés en France, que lorsqu'elle l'était autrefois avec ces mêmes cocons ouvrés sur les lieux. Qu'un fabricant français ou anglais dise le contraire ! D'où nous pouvons conclure que les cocons de Chine *travaillés* en France nous produiront des soies meilleur marché et plus belles que celles obtenues aujourd'hui avec les grèges de Shang-Haï.

La production de l'Asie-Mineure est trop peu importante pour qu'elle puisse jamais influer sur le cours des soies européennes. Cette influence ne peut être que dans la proportion de 1 à 20, elle est donc nulle ; et par la raison que cette production est peu de chose, elle donne prise à la concurrence.

A Shang-Haï, si, à l'heure qu'il est, il y a, nous supposons, 15 acheteurs pour 55,000 balles, il est évident que si, pour le même nombre de balles, il y en a un jour 30, le cours s'élévera en raison de la concurrence. S'il devait en être ainsi, il serait inutile d'aller nous-mêmes en Chine. Qu'on se rappelle bien que nous avons toujours raisonné dans l'hypothèse d'un accroissement considérable d'exportations obtenu , soit par la pression européenne, soit par des traités diplomatiques. Or, admettons cet accroissement, il n'y aura pas plus de concurrence lorsqu'il aura lieu, qu'il n'y en a aujourd'hui, car 15 acheteurs sont à 55.000 balles comme 30 sont à 110,000, comme 20 sont à 73.000, etc.

Il y donc un interêt industriel évident dans une association franco-américaine, qui établit, il est vrai une concurrence nouvelle à Shang-Haï, mais qui l'établit dans l'hypothèse d'un accroissemeut d'exportation.

Que l'on mette maintenant en présence de cette simple entreprise que nous venons d'esquisser, celle du percement de l'isthme de Suez, dont le résultat, comme bénéfice, est tout problématique, et dont les conséquences merveilleuses pour l'humanité, il est vrai, ont pour nous moins d'importance qu'on ne croit; à quoi nous servira d'aller en Chine par le cap ou par l'isthme de Suez, si, lorsque ce dernier sera percé, nous ne sommes pas plus avancés dans le Céleste-Empire qu'aujourd'hui. Ne serait-il pas plus rationnel de chercher d'abord les moyens de nous y établir, et de nous occuper ensuite du chemin le plus court.

Les anglais qui combattent sourdement ce vaste projet savent bien ce qu'ils font, ils comprennent bien que l'isthme percé, c'est une grande route ouverte à toute l'Europe pour aller dans la mer des Indes. Ils ont bien assez, ils se le disent de la Californie qui jette à leurs côtés ce peuple ardent des États-Unis; mais les anglais ne pourront éviter cette fatalité; l'isthme de Suez sera percé, et c'est par là que la civilisation européenne ira un jour ébranler la frèle unité de leur puissance asiatique. C'est par là que la Chine sera ouverte à l'Occident, si elle ne l'est pas avant par sa propre décomposition ou par les efforts de l'Angleterre.

Le percement de l'isthme de Suez, intéresse la civilisation tout entière. Le projet dont nous parlons et pour lequel nous avons pris la plume, n'intéresse que la France. Nous sommes de cette grande nation qui s'appelle l'Humanité, c'est vrai, mais, politiquement parlant, nous sommes Français avant tout. Allons en Chine d'abord, car la première charité commence par soi-même; ensuite nous réunirons la mer des Indes à notre lac français, et nous serons ce que nous devons être.

Nous donnons ici un extrait du discours de M. Jourdan, nous le donnons pour qu'on ne conteste pas les chiffres que nous avons posés. Les recherches de ce savant professeur sont très-précieuses pour la fabrique de Lyon, en ce sens qu'elles lui montrent sous les yeux, d'une manière précise quand il s'agit de l'Europe, etc., et approximative, nous l'avouons, quand il s'agit de la Chine et du

Japon, toutes les récoltes de la terre. — Il est impossible qu'en étudiant ce consciencieux travail, fruit de coûteuses et pénibles études, on n'arrive pas à une conclusion semblable à celle que nous en avons tirée, à savoir, que l'Europe doit logiquement s'approvisionner là où la soie est le moins cher, là où elle est le plus abondante. M. Jourdan exprime la valeur de chaque provenance, non pas en kilos, mais en francs ; c'est effectivement la seule manière d'offrir sous une forme saisissante cet état général de la production séricicole. Tous ceux qui sont versés dans le commerce et l'industrie des soies peuvent apprécier, par leur expérience personnelle, le prix de chacune des qualités citées, et traduire de la sorte en kilos et en ouvré la somme qui est exprimée en francs et en grège. Nous donnons, du reste, un exemple qu'il serait évidemment superflu de développer si nous n'avions pas acquis la certitude, ces jours passés, que certaines gens ne peuvent pas nous comprendre.

Nous avons parlé, on le sait, de 108,600,000 fr. comme étant le chiffre de la production moyenne en France, de huit années. En étudiant ce même laps de temps, et d'après les renseignements qui nous ont été donnés, nous pouvons évaluer à 60 fr. le prix moyen du kilo des grèges, soit qu'il s'agisse du Gard, soit qu'il s'agisse de l'Isère. Nous pouvons également apprécier le coût moyen de l'ouvraison des trames et des organsins à 9 fr., et le déchet que peut faire la grège sur les moulins à 6 p. 0/0.

108,600,000 fr. représentent donc 1,810,000 kilos à 60 fr. l'un, et cette somme de kilos, par l'effet du déchet dont nous avons parlé, devient 1,701,400 kilos, qui, multipliés par 69 fr., produisent 117,396,600 fr.

108,600,000 fr. de grège convertis en ouvrée sont ainsi réellement 117,396,600, soit 1,701,400 kilos à 69 fr.

Nous demandons pardon au lecteur intelligent d'avoir fait défiler sous ses yeux une opération aussi primitive. Nous lui répétons de nouveau que ce n'est pas pour lui que nous l'avons faite.

« La production annuelle de la soie grège pour les huit années, de 1846 à 1853, a été en moyenne d'un milliard quarante-un millions deux cent mille francs. Cette production s'est répartie ainsi entre les cinq parties du monde : l'Europe a produit de la soie grège pour 336,200,000 fr. ; l'Asie pour 702,800,000 francs; l'Afrique pour 1,100,000 fr.; l'Océanie pour 600,000 fr.; enfin, l'Amérique pour 500,000 fr.

« Cette production n'a pas lieu indifféremment dans les différentes contrées de notre globe ; elle se concentre dans une zone de sériciculture qui en fait le tour, en occupant les parties chaudes de la zone tempérée de l'hémisphère boréal, sur une largeur d'environ vingt degrés.

« C'est dans les limites de cette ceinture séricicole qu'a lieu la presque totalité de la production de la soie. Au nord de cette ceinture, en Angleterre, en Belgique, en Prusse, en Suède, en Russie, dans la Mantchourie et au Canada, les produits du ver à soie n'ont pas atteint 200,000 fr.; au midi de la même ceinture, où se trouve une grande partie de l'Afrique, la totalité de l'Océanie et la moitié de l'Amérique, les produits ont été un peu plus considérables, ils ont dépassé le chiffre de 800,000 fr.

« Ainsi, en dehors de la zone de sériciculture, il y a environ pour un million de francs de produits, et dans les limites de cette même zone, il y en a pour un milliard quarante millions deux cent mille francs, c'est-à-dire au-delà de mille fois plus.

La production annuelle de la France a été en moyenne de. . . . . . . fr.	108,600,000
Celle des Etats-Sardes et de la Suisse italienne	45,000,000
Celle du royaume Lombard-Vénitien et des autres possessions autrichiennes en Italie.	122,500,000
De la Toscane et des duchés de Parme et de Modène.	7,600,000
Des Etats de l'Eglise.	6,500,000
Celle du royaume de Naples, de la Sicile et de Malte.	21,000,000
Des provinces turques du bassin de l'Adriatique	400,000

Du bassin du Danube, Bavière, Autriche, Hongrie, Servie et Provinces Danubiennes . . .	900,000
De la Turquie d'Europe au midi des Balkans.	4,500,000
De la Grèce et des îles Ioniennes	3,200,000
De l'Espagne et du Portugal, continent et îles.	16,000,000
Des côtes méditerranéennes de l'Afrique, Maroc, Alger, Tunis et Egypte.	800,000

Dans la portion asiatique de la zone de sériciculture s'étendant en largeur du 24e degré latitude nord au 45e degré, sous le méridien de Bagdad, et du 22e au 42e degré même de latitude, sous les méridiens de Calcutta et Pékin, la production de la soie grège a été pour :

Les possessions russes au nord et au midi du Caucase. . . .	12,200,000
L'Asie-Mineure et ses principales îles	21,000,000
La Syrie et quelques nations arabes.	8,600,000
La Perse, le royaume d'Hérat, le Candahar.	23,000,000
Le Turkestan, ou les trois khanats de Khoukand, de Khiva et de Boukhara	6,000,000
L'Inde, en-deçà et au-delà du Gange, le Tonkin compris . .	120,000,000
La Petite-Bucharie, ou le Turkestan chinois	2,000,000
L'empire Chinois	425,000,000
La Corée	5,000,000
L'empire du Japon.	80,000,000
Les Etats-Unis d'Amérique. . .	400,000

« Ces chiffres généraux sont le résultat, nous l'avons dit, d'un grand nombre de documents particuliers, la plupart officiels.

« Plusieurs d'entre eux paraîtront faibles, tels que ceux donnés pour la France et pour les divers états de l'Italie ; ils ont cependant tout le dégré d'exactitude qu'ils peuvent comporter ; nous les avons nous-mêmes recueillis sur les lieux et nous les avons soumis au contrôle des principaux négociants, des Chambres de commerce et des administrations locales. D'autres pourront paraître trop élevés, tels que ceux assignés pour l'empire Chinois ; ils sont au contraire trop faibles. Pour s'en convaincre, il suffit de se rappeler que la Chine, avec ses anciennes limites, sans y comprendre, par conséquent, les contrées tributaires, a une population de 360,000,000, d'après les géographies modernes, mais qui est au moins de 250,000,000, et que sa surface est de 458,500,0000 hectares, soit huit fois plus grande que celle de la France. Il faut se rappeler également que sur ses dix-huit provinces, il n'y en a que deux où l'on n'élève pas le ver du mûrier, et qu'il y en a dix où la soie est le principal produit. Enfin, il faut aussi se rappeler que dans toute la Chine centrale et méridionale, l'usage de la soie est général pour toutes les classes de la population, et que l'année dernière, la Chine, malgré la consommation intérieure de son énorme fabrication d'étoffes de soie, a fourni au marché de Londres près de 60,000 balles de soie grège ou ouvrée, c'est-à-dire plus de 2,700,000 kilogrammes. »

www.ingramcontent.com/pod-product-compliance
Ingram Content Group UK Ltd.
Pitfield, Milton Keynes, MK11 3LW, UK
UKHW020315180726
13839UKWH00001B/473